L'ARGENT NE FAIT PAS LE BONHEUR

Par

Margaret Kwakwa

L'ARGENT NE FAIT PAS LE BONHEUR

Margaret Kwakwa

afram
PUBLICATIONS (GHANA) LIMITED

Published by
Afram Publications (Ghana) Ltd.
P. O. Box M.18
Accra, Ghana

Tel: +233 244 314 103
E-mail: sales@aframpubghana.com
            publishing@aframpubghana.com
Website: www.aframpubghana.com

First Published 1975
Reprinted 1982, 1994
Reprinted 2024

ISBN: 9964–70–001–6
ISBN: 978–9964–70–001–0

TABLE DES MATIERES

PREFACE

There are already a good number of easy French Readers for use in our schools. There is still, however, a lack of playlets with an African background.

'L'argent ne fait pas le bonheur' is the first of a series of playlets to be written by the author. The play is written in simple French and can be suitably used at the secondary level and beyond. As a play, it can be read and acted in class scene by scene.

It is a good exercise to have students memorise some French sentences which they can confidently recite. Training students to use the French language in this way helps to overcome their timidity.

M.K.

ACKNOWLEDGEMENTS

The author would like to express her sincere thanks to the following people for their help:

1. Mr Alain Passat, Director of the 'Centre Pédagogique,' French Embassy.

2. Mr Walter Herring, a former colleague, Ghana Teaching Service, Inspectorate Division.

3. Dr J. N. Dodoo, Department of Modern Languages, University of Ghana.

4. Dr Charles Dompreh, Ghana Teaching Service, Inspectorate Division.

Last but not the least, the author gratefully acknowledges her indebtedness to Mr Kpeglo, Head of the French Department, Ghanatta Secondary School, Dodowa, for producing the play with his Form 4 French students. To the actors of the play, the author once again says 'thank you'.

Margaret Kwakwa

L'ARGENT NE FAIT PAS LE BONHEUR

L'histoire

Au village de Mpata demeurait la famille Abu. La femme Anowaa et son mari gagnaient leur vie en travaillant leur ferme. La fille Saaba était couturière et le fils Etu venait de finir ses études à l'école secondaire. Un jour, par hasard, M. Abu rencontra un ancien ami, M. Kyewu. Celui-ci était devenu riche à la sueur de son front. Il était, à ce moment-là, un gros industriel établi dans la capitale du pays, Accra.

Lors de leur rencontre les deux hommes avaient envisagé la possibilité d'un mariage entre le vieil industriel et Saaba, la jeune et jolie fille de M. Abu. Saaba, convaincue de consentir à épouser le vieil homme, abandonna son amant Fifi, qu'elle aimait éperdument, et partit pour Accra.

Fifi était deçu. Il suivit Saaba jusqu'à Accra où finalement les deux amants se retrouvèrent, alors que le vieux Kyewu restait à jamais malheureux. Le vrai amour peut tout vaincre.

PERSONNAGES

Saaba	l'héroïne
Abu	son père
Anowaa	sa mère
Etu	son frère
Fifi	un jeune homme, amant de Saaba
Kyewu	vieil ami d'Abu, futur mari de Saaba
Adoma	femme aînée de Kyewu
Ameyaa	amie d'Adoma
Jojo	le chauffeur de Kyewu
Afi	la bonne de Kyewu
Zogo	le boy de Kyewu
La vendeuse	
Le facteur	
Une femme âgée	
Des récitateurs	

POEME:

L'argent
L'argent. Oui, l'argent
On se croit heureux quand on a la richesse
Attention! C'est à ce moment même
Que les difficultés arrivent.

L'argent, c'est utile.
Pensez à toutes les choses
Qu'on peut avoir quand on est riche.
L'argent peut attirer le bonheur
Et le chasser à la fois.

Imaginez-vous un monde
Où il n'y aurait pas d'argent?
Que verriez-vous?
Que feriez-vous?

L'argent. Oui, C'est tout.
Il est beau. Il est laid
Il sait bien nous décevoir
Acceptons-le comme il est!

PREMIERE PARTIE

Scène 1

Il est sept heures du soir. Abu et sa femme Anowaa viennent de finir le souper. Ils sont assis devant leur maison. Abu *fume sa pipe.*

Abu: Anowaa, sais-tu à quoi je pense?

Anowaa: Non, mon mari. Vas-y, dis-le-moi vite. Je t'écoute.

Abu: Hier, je me suis arrêté devant un magasin pour acheter du tabac. J'ai eu de la chance. J'ai alors rencontré un vieil ami, un ancien camarade de classe. Lui et moi, nous partagions le même pupitre. Les années passent si vite! Bientôt on est devenu vieux.

Anowaa: Continue, mon cher. J'écoute.

Abu: Cet ami-là, il s'appelle Kyewu, dirige une grande usine à Accra. C'est un gros industriel très connu. Il est riche et possède de grosses autos. Nous avons parlé de Saaba, notre fille, et il a exprimé son désir de l'épouser.

Anowaa: Quelle bonne idée! Saaba est maintenant une femme et elle est la plus belle fille du village. Tous les jeunes hommes espèrent l'épouser. Vraiment nous avons de la chance d'avoir eu une telle fille, car par ce mariage nous pourrons jouir de la richesse de M. Kyewu.

Abu: Bien, bien. Mais, crois-tu que Saaba consentira à épouser ce monsieur? Il a à peu près soixante ans. Saaba n'a que vingt ans.

Anowaa: Quoi! Elle n'a pas à refuser. Nous sommes ses parents et nous avons bien le droit de décider de son avenir.

Abu: Eh bien, comment lui apprendre la nouvelle? Elle n'a jamais vu ce monsieur...

Anowaa: Ne te fais pas de soucis pour cela. Je l'appelle tout de suite.

Abu: Sois un peu patiente, ma femme. Nous n'avons pas encore fini de parler ensemble de cette affaire.

Anowaa: Je l'appelle.

Abu: Attends un peu!

(Anowaa commence déjà à appeler Saaba.)

Anowaa: Saaba, Saaba, Saaba!

(Pas de réponse. Elle retourne à sa place.) Je crois qu'elle est sortie. Je brûle d'envie de lui faire savoir nos intentions! Allons nous coucher quand même. Il est tard. Le matin nous réunira.

(Dès qu'ils se sont retirés dans leur chambre, Etu apparait sur la scène. Il restait derrière la porte.)

Abu: Il est riche et possède de grosses autos . . .
Anowa: Quelle bonne idée . . .

Scène 2

Devant la maison. Etu *attend* Saaba *pour lui communiquer la nouvelle.* Saaba *retourne à la maison après être sortie avec son amant* Fifi.

Etu:	Ha! Ha! Ha! Félicitations, madame! On t'a trouvé un mari très riche. Félicitations, ma sœur. Ha! Ha! Ha!
Saaba:	Tu me parles? Quoi? Qu'est-ce que j'entends? Répète-le! Dis!
Etu:	Ha! Ha! Ha!
Saaba:	Tu n'es pas sérieux, Etu. Je te quitte.

Etu: Non, attends. *(Il prend la main de sa sœur.)* Doucement, doucement. Pas de bruit, veux-tu? Sais-tu qu'on conspire pour te marier à un vieux, très riche?

Saaba: Qui sont les conspirateurs? Qui? Qui alors?

Etu: Pas de bruit. Sinon je ne te dis rien.

Saaba: Vas-y. Je t'écoute. Mais fais vite. Ne me taquine pas.

Etu: Papa et maman ont décidé de te faire épouser un vieil ami de papa. On dit que c'est un gros industriel d'Accra. Très riche mais vieux!

Saaba: Sacristi! Papa et maman s'amusent. Tu vas voir. Maman va l'épouser elle-même. Elle est de son âge. Que Dieu m'aide! Pourquoi nos parents sont-ils comme ça? C'est exactement ce qu'on a fait à mon amie, Antoaa. Est-ce que je ne suis pas à l'âge de choisir mon mari moi-même?

Etu: Ecoute. Ne dis rien à maman. Attends qu'elle t'appelle. Entendu?

Saaba: Bon. Mais on verra.

(Ils se quittent pour aller se coucher.)

Scène 3

Il fait grand jour. Saaba se prépare à partir pour son travail. Elle entend sa mère qui l'appelle.

Anowaa: Saaba! Saaba!

Saaba: Oui, maman. J'arrive.

    (Abu *et* Anowaa *sont déjà assis au salon.* Saaba *les rejoint.*)

Anowaa: Saaba. Ton père et moi, nous t'aimons sincèrement. Nous sommes vieux maintenant. Nous sommes à deux doigts de la mort. Nous voulons que tu sois heureuse toute ta vie. C'est pourquoi nous avons pris une grande décision à ton sujet.

Saaba: Oui, maman. Quelle décision? Dis-moi vite! Je suis très impatiente.

Anowaa: *(Elle consulte son mari.)* Puis-je tout dire?

Abu: Bien sûr, tu as mon appui.

Anowaa: Saaba, un vieil ami de ton papa qui habite Accra, la capitale du pays, a décidé de t'épouser.

Saaba: Quand? *(Elle est visiblement agitée.)*

Abu: Sois calme, ma fille. Ce monsieur est très riche. Il possède beaucoup d'autos, des maisons et toutes sortes de choses.

Saaba: Et alors?

Anowaa: Ecoute, ma fille, ne t'en fais pas. Tu as de la chance!

Abu: Il est propriétaire d'une grande usine. Ma fille, estime-toi heureuse. Les autres filles seront jalouses de toi!

Saaba: Papa, maman. *(Elle est très fâchée.)* Je ne suis pas prête à me marier maintenant. Même si je l'étais, je ne prendrais pas le mari que vous me proposez. Je suis majeure, et j'ai le droit d'épouser qui je veux. D'ailleurs, je suis amoureuse.
(Elle commence à sortir du salon. On la fait asseoir.)

Anowaa: De qui veux-tu parler? Est-ce le jeune homme avec qui je te vois sortir? Celui qui demeure tout près de chez nous? Miséricorde! Son père est ivrogne. Vous allez vous marier? Pas sous mes yeux! Jamais! Des ivrognes! Mon Dieu, j'étouffe de colère.

Saaba: Non, maman. Tu n'as pas raison. Fifi ne boit pas, et son père non plus. Fifi est beau et gentil. Il va bientôt finir ses études à l'université. Il sera ingénieur. Un jour, il sera riche, lui aussi.

Abu: Ah! Les femmes! Bien, bien, Saaba. Que penses-tu de notre proposition?

Anowaa: Elle va certainement l'accepter.

Saaba: Non, je ne l'accepterai jamais!

Anowaa: Si! Tu ne sais pas ce qui est bon pour toi.

Abu: Silence, voulez-vous! Saaba, écoute-moi. Tu as toute la journée et toute la nuit pour y réfléchir. Viens après nous dire ta réponse.

(Sabaa quitte le salon en larmes. Tout le monde est triste.)

Scene 4

Le soir. Fifi *et* Saaba *sont dans un coin de leur maison familiale.* Saaba *doit lui apprendre la nouvelle du mariage. Elle est deçue.*

Fifi:	Ma chérie, pourquoi es-tu si triste? Qu'est-ce qui ne va pas? Dis-le-moi.
Saaba:	*(pleurant)*: Fifi, chéri, si tu savais . . . ah! Tu pleurerais, toi aussi! Mes parents, à mon insu, ont accepté une proposition d'un vieux riche et veulent que je l'épouse.
Fifi:	*(étonné):* Eh! Epouser qui? Comment?
Saaba:	Oui. C'est un vieil ami de papa.
Fifi:	Tu ne peux pas refuser? Il faut refuser. Mon Dieu, que ferais-je sans toi? Est-ce parce que je suis étudiant et pauvre? Il faut refuser, ma chérie. Je t'aime. Je t'épouserai.
Saaba:	Je t'aime aussi, mon chéri. Mais sais-tu? Maman et moi, nous nous sommes disputées ce matin. Maman ne me parle plus à la maison. Je suis frustrée, vraiment. Je suis partagée entre mon amour pour toi et mon amour familial. *(Elle pleure.)*

Fifi: Mais non, ne pleure pas, ma chérie. Si nous nous aimons vraiment, Dieu nous montrera le chemin pour nous retrouver. Sais-tu? Fais semblant d'accepter la proposition. Les choses se régleront ensuite.

Saaba: Quoi, tu ne m'aimes plus?
Veux-tu que j'épouse le vieux?

Fifi: Cesse de pleurer . . . Dieu nous montrera le chemin pour nous retrouver.

Fifi: Ecoute. Fais ce que je propose. Accepte la proposition. J'ai une idée. Je sais ce qui va se passer. Au moins, fais-moi la promesse de ton amour. Ne m'oublie jamais. Tu promets?

Saaba: Je le promets, Fifi. Je t'aimerai pour toujours. *(Les deux amants s'embrassent.)*

Scene 5

Quelques jours après ces rencontres, Le facteur *passe pour remettre une lettre à M. Abu.*

Facteur: *(frappant à la porte):* Agoo! Agoo!

Abu: Qui? Qui est-ce? *(Il vient à la porte pour recevoir une lettre. Il examine l'enveloppe. Enfin, il l'ouvre. La joie s'inscrit déjà sur sa figure. Il lit la lettre. C'est son ami, M. Kyewu, prétendant à sa fille. Il lit une partie de la lettre à haute voix.)* 'Après notre conversation de l'autre jour, je voudrais que ma future femme, Saaba, vienne me rejoindre à Accra. Je ne l'ai pas vue mais mon imagination me dit qu'elle est la beauté elle-même. C'est la chance qui m'avait dirigé vers toi en ce jour glorieux de notre rencontre! Dieu soit loué.'

Abu: Anowaa, Anowaa. Viens écouter. Il y a de bonnes nouvelles.

Anowaa: *(Elle sort vite de sa chambre. Elle essaie de lire la lettre que son mari lit soigneusement.)*
Comme Saaba a de la chance! M. Kyewu a convenu le samedi prochain pour les rites du mariage!

Abu: Ecoute. La famille de M. Kyewu va nous apporter des bœufs, des bijoux, des vêtements et deux milles cedis comme dot!

Anowaa: Saaba, ma fille. Comme tu seras contente pendant toute ta vie!

Abu: Bien, ma chère. Il faut avertir notre famille pour venir assister aux rites. Rentrons pour commencer les préparations.

Scéne 6

Le départ. C'est le soir. La famille Abu, leurs amis et les amies de Saaba *se sont réunis à la maison Abu pour dire 'au revoir' à* Saaba *qui, après la fête de mariage, doit partir pour rejoindre son mari à Accra. Saaba, bien habillée, reçoit les derniers conseils.*

Une femme âgée [*à* Saaba): Bien, ma fille. Tu sais bien que tu es maintenant mariée. Obéis à ton mari. Fais tout ce qu'il te demande de faire et tu seras très contente.
Il ne faut jamais te disputer avec lui. Vous aurez beaucoup d'enfants.

Saaba: Oui, merci. *(Elle commence à sangloter.)*

Anowaa: Non, pas de larmes. Sois heureuse. Regarde toutes tes amies. Elles souhaitent être à ta place. Ne pleure pas, ma fille!

Saaba: O! Maman. *(Elle embrasse sa maman en pleurant.)* Je veux rester, maman. Je ne veux pas partir.

Abu: Sois bonne, ma fille. Le bon Dieu est avec toi. Tout ira bien.

(Le klaxon sonne. L'auto arrive pour chercher Saaba. On entend des cris d'au revoir et d'adieu de tous les côtés.)

RIDEAU

DEUXIEME PARTIE

Suivant les ordres de ses parents, Saaba, après les rites du mariage, rejoint son mari à Accra.

M. Kyewu, qui a déjà quatre femmes, ouvre tout son cœur à la nouvelle venue. Elle est la seule, parmi ses femmes, qui sais lire et écrire. M. Kyewu est très fier d'elle. Il lui donne tout ce qui lui faut. Saaba ne fait même pas le ménage. Elle passe son temps à soigner sa beauté.

Adoma, la plus âgée de toutes les femmes, demeure avec Saaba chez M. Kyewu. Les deux femmes ne s'entendent pas bien. Adoma est fatiguée de faire la servante à cette jeune femme. Elle est au comble de la colère.

A la suite d'une querelle entre elle et son mari au sujet de Saaba, Adoma quitte la maison.

Scène 1

C'est le jour après l'arrivée de Saaba, *la nouvelle mariée. Dans le salon bien décoré de* M. Kyewu, Saaba *rencontre pour la première fois la doyenne des femmes de* M. Kyewu.

Kyewu: Saaba, tu es la bienvenue chez nous. Je te présente ma femme Adoma.

Elle sera pour toi comme mère et te tiendra compagnie. J'espère que tout ira bien entre vous deux.

Kyewu: *Saaba, je te présente ma femme Adoma.*

Adoma: (*se levant pour serrer la main à* Saaba):
Enchantée. Sois la bienvenue.

Kyewu: (*à* Saaba): Tes parents m'ont dit que tu es
couturière. Voilà une machine à coudre,
toute neuve que je viens d'acheter pour
toi. Ça coûte huit cents cedis. Elle marche
à l'électricité. Tu seras bien à l'aise pour
continuer ton travail ici. N'hésite pas

à me faire savoir tes problèmes et tes besoins. Quant à moi, mon travail comme industriel exige que je voyage souvent. Je pars tout de suite pour Kumasi en avion. Dans quelques jours, je serai de retour. *(A Adoma)* Sois très gentille envers elle. Je confie Saaba à tes soins. Au revoir.
(Il serre la main à chacune des deux femmes.)

Scène 2

Le même endroit. M. Kyewu est parti, mais la conversation continue entre les deux femmes.

Adoma: Sois heureuse d'être parmi nous. Je suis la femme aînée, mais mon mari a trois autres femmes qui demeurent chez elles, en ville.

Saaba: *(très étonnée):* Trois autres femmes? Alors, je suis la cinquième, n'est-ce pas? Pourquoi on ne me l'a pas dit? J'ai été trompée!

Adoma: Calme-toi, ma fille. Nous nous entendons bien, parce que notre mari nous donne tout ce qu'il faut. Toi, tu es la plus jeune, alors tu vas être la préférée de notre mari!

Saaba: Non, je ne suis pas d'accord. Je ne veux pas faire partie de ce groupe de femmes. Comment notre mari peut-il réussir à satisfaire les besoins psychologiques de toutes ces femmes? Est-ce que l'amour peut être partagé de cette façon? C'est incroyable!

Adoma: Ça va s'arranger. Mais écoute, ma fille, puisque nous sommes deux dans la maison, tu dois m'aider chaque jour à faire le ménage et la cuisine. Chaque fois que tu voudras sortir, tu me le diras.

Saaba: Est-ce vrai? Est-ce la loi ici de demander la permission avant de sortir?

Adoma: Non. C'est seulement pour que je sache où tu vas. En tout cas, quand notre mari reviendra, vous réglerez cela tous les deux.

Saaba: Dis donc: est-ce qu'il voyage toujours aussi souvent? Tu ne t'ennuies pas?

Adoma: Mais c'est son travail. Sans cela, comment aurait-il de l'argent pour acheter toutes les belles choses que tu désires?

Saaba: Bon. C'est assez pour le moment. Je veux me reposer.

(Elle se retire dans sa chambre.)

Scène 3

Le même endroit. Adoma est seule. Elle monologue.

Adoma: Vraiment je ne comprends pas bien cette jeune femme. Elle me pose des questions avec autorité. Mais pourquoi mon mari a-t-il épousé une telle fille? Néanmoins, elle est trop jeune; plus jeune même que notre fils aîné. Heureusement que les enfants soient grands et ne soient plus à la maison! Je ne sais pas ce qui se passerait. Je me demande au fond si cette fille désire vraiment rester longtemps ici. Elle a des idées étranges. Hmm! On verra. Ce n'est pas moi qui commande ici. Le patron va revenir. Quelle fille!

Scène 4

Quelques jours après. Il est huit heures du matin. Saaba *est encore au lit.* Adoma *frappe à la porte.*

Saaba: Qui est-ce?

Adoma: Il est l'heure de te lever pour faire le ménage. Lève-toi. Viens faire le ménage!

Saaba: *(fâchée):* Quoi! *(Elle sort en robe de chambre.)*
Depuis quand est-ce que je suis ici pour faire le ménage, moi. Va-t'en. Va chercher une bonne. *(Elle se retire dans sa chambre en claquant la porte.)*

Adoma: *(très ahurie):* Quelle fille mal élevée! Elle me dit de m'en aller? Une fille qui pourrait être ma propre fille. Je vais tout dire à mon mari dès qu'il rentre à la

maison. Je suis fatiguée de ses caprices. *(Elle s'assied.)*
(Une amie, Ameyaa, *lui rend visite.)*

Ameyaa: Bonjour, Maman Adoma.
Pourquoi es-tu si triste.
Qu'est-ce qui ne va pas?

Adoma: *(pleurant):* Tu n'as pas encore entendu dire que mon mari vient d'épouser une jeune femme qui me gêne vraiment? *(Elle a une crise de larmes.)*

Ameyaa: Cesse de pleurer et continue.

Adoma: Merci bien, Ameyaa. Ah! Cette fille-là! Elle dort trop et se lève à l'heure qu'elle veut! Elle ne fait rien à la maison. C'est moi qui prépare les repas. Elle porte des pantalons, de gros souliers, des perruques de toutes sortes et elle est toujours en ville!

Ameyaa: C'est vrai? Et ton mari, que dit-il?

Adoma: Rien. Il m'en veut pour tout ce qu'elle fait. L'autre jour, devant cette fille, il m'a dit que je pourrais partir, si je le voulais.

Ameyaa: Est-ce vrai? Quel dommage! A-t-il oublié qu'il a gagné toute sa richesse avec toi? Pourquoi les hommes sont-ils si ingrats? Il te chasse? Je ne peux en croire mes oreilles.

Adoma: Ça ne fait rien. Je vais quitter la maison s'il me chasse. La vie est ainsi faite. Dieu va me donner une compensation. *(Elle sanglote.)*

Ameyaa: Calme-toi. Choisis le bon moment pour discuter l'affaire avec ton mari. Ne t'en fais pas. Dieu te consolera. Au revoir, Adoma. (Ameyaa *s'en va et* Adoma *continue à pleurer.*)

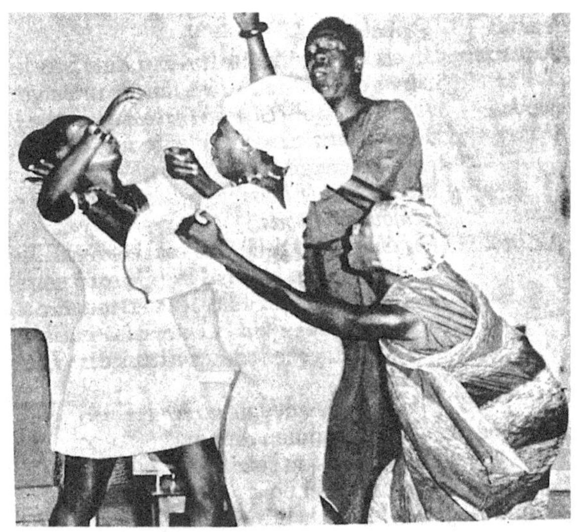

Ameyaa: Calme-toi

Scène 5

Le même endroit Adoma est assise, la tête sur les genoux. Elle est en sanglots. M. Kyewu arrive à la maison. Personne ne vient à sa rencontre. Il est confus.

Kyewu: Qu'as-tu, ma femme? Pourquoi trembles-tu comme ça? Explique-moi vite. Où est Saaba? Saaba!

Saaba: Oui. J'arrive. *(Elle apparaît sur scène.)*

Kyewu: Saaba, qu'est-ce qui ne va pas?

Saaba: Je ne sais pas. Demande-le-lui.

Kyewu: Adoma, qu'est-ce qu'il y a?

Adoma: Laisse-moi tranquille. Tu ne m'aimes plus. Depuis l'arrivée de cette fille, je ne suis plus rien à la maison. Moi, je ne sais pas lire; moi, je ne porte pas de pantalons! *(Elle pleure plus fort.)*

Kyewu: Ecoute, ma femme, je t'aime! Cette fille est jeune. Elle ne sait pas ce qu'elle fait.

Adoma: Tu dis toujours la même chose: 'Elle est jeune, elle est jeune.' Je vais te quitter. Tu vas voir. Quand je t'aurai quitté tu pourras mieux juger le comportement de cette fille. J'en ai eu assez.

Kyewu: Calme-toi. Ne te hâte pas de prendre cette décision. Tu le regretterais après.

Adoma: Regretter? Moi? Tu vas voir. Je te quitte sur le champ.

(Adoma, *très sérieuse, commence à faire
ses valises. M. Kyewu n'en croit pas
ses yeux. Il reste tranquille pendant qu'*
Adoma *prépare ses affaires. Il regarde*
Adoma *et* Saaba *et ne sait pas quoi faire.
Saaba commence à pleurer. La tristesse
règne dans la maison de* Kyewu.)

RIDEAU

POEME

Les Larmes
Pourquoi pleures-tu?
Cesse de pleurer.
La vie n'est pas faite de roses.
Il y a de bons et de mauvais moments
Comme il y a du soleil et des pluies.
Pourquoi pleures-tu?
Les larmes ne restent pas toujours:
Bientôt elles se changeront en rires.
Oui, les rires et les larmes marchent ensemble.
Pourquoi pleures-tu?

TROISIEME PARTIE

Ça fait trois mois que Saaba demeure avec M. Kyewu
à Accra. Maintenant que la femme Adoma est partie
de la maison, c'est elle qui doit tout faire à la maison.
M. Kyewu lui a trouvé une bonne, et un boy. Mais
M. Kyewu voyage souvent et elle s'ennuie de plus
en plus. Elle n'est plus elle-même. Elle devient de plus
en plus triste. Elle pense souvent à son père et à sa
mère et surtout à son amant Fifi. Heureusement, Fifi
vient de terminer ses études universitaires. Il a trouvé
un poste comme ingénieur à Accra. Le sort bientôt
va les réunir.

POEME

L'amour
Parlez-vous de l'amour?
Oui. Qu'est-ce que c'est?
Il y a beaucoup de façons d'aimer.
L'amour est beau et laid.
Il fait des merveilles...
L'amour peut vite se transformer.
L'homme ne sait pas bien aimer.
Au lieu de joie, parfois c'est la misère.
L'amour est splendide et vivant.
L'ennui et la solitude, il les déteste.
L'amour! L'illusion!

Sans invitation, arrive-t-il?
Sans dire au revoir, part-il?
L'amour: Dieu des choses merveilleuses.

Scène 1

*Le soir. Saaba se repose dans un fauteuil. On entend
des pas.* M. Kyewu *rentre à la maison.*

Saaba: Zogo!

Zogo: Oui, madame.

Saaba: Le patron arrive. Viens prendre sa serviette. (M. Kyewu *rentre et vient rejoindre sa femme au salon.*)

Afi: Voici de l'eau, monsieur.

Kyewu: Merci. *(Il boit. Afi s'en va.)*
Je voudrais manger. J'ai une faim de loup!

Saaba: Afi!

Afi: Oui, madame.

Saaba: Est-ce que le repas est prêt?

Afi: Oui, madame. Tout est prêt. A votre service, madame. *(Elle se retire.)*

Kyewu: *(à sa femme):* Depuis quelque temps, je te vois pâle et mécontente. Tu n'es plus toi-même. Ça ne va plus? (Saaba *ne répond pas.*) Tu ne me réponds pas? As-tu besoin d'argent? Tout ce que tu me demandes, je te le donne. Dis-le-moi. Qu'est-ce qui ne va pas?

Saaba:	Rien.
Kyewu:	Mais pourquoi as-tu l'air si triste?

Kyewu: Mais pourquoi as-tu l'air si triste?

(Il s'approche de Saaba, *qui est toujours immobile.)*

Tu t'ennuies? Veux-tu passer quelques jours chez tes parents?

Saaba: Oui. Je m'ennuie beaucoup ici. Tu voyages souvent et je suis seule la plupart du temps. Je ne sors même pas. Je n'ai pas d'amies et je suis toujours enfermée dans la maison.

Kyewu: C'est tout? Tu es une drôle de fille. Tu as tout ce qu'il faut à la maison. Voilà la télévision! Le tourne-disque! La radio! D'ailleurs, je te donne beaucoup d'argent pour acheter tout ce qu'il te faut. Ma chère, sois contente. Que veux-tu de plus?

(Il essaie de la faire rire. Saaba *reste sombre.)*

Allons manger. Nous allons prendre une décision après. Afi!

Afi: Oui, monsieur.

Kyewu: Tu as mis le couvert?

Afi: Oui, monsieur. A votre service.

Kyewu: *(à* Saaba): Allons manger, ma fleur. Demain je te donnerai beaucoup d'argent pour aller faire des achats en ville. Tu m'aimes toujours, n'est-ce pas?

Scène 2

Dans un magasin. Il y a d'autres clients.

Saaba: Combien coûte cette paire de boucles d'oreilles?

Vendeuse: Deux cents cedis.

Saaba: Ils sont en or?

Vendeuse: Oui.

Saaba: Pas de remise? Je te donne cent cinquante cedis. Et la belle paire de chaussures? *(Elle indique du doigt l'étalage.)*

Vendeuse: Quatre-vingts cedis. Je vous fais une remise de cinq cedis. Quelle est votre pointure, madame?

Saaba: Cinq et demi.
(Elle essaie les souliers en se promenant dans le magasin. Pendant tout ce temps-là un jeune homme reste à la porte. C'est Fifi, son amant. En se tournant, Saaba le voit.)

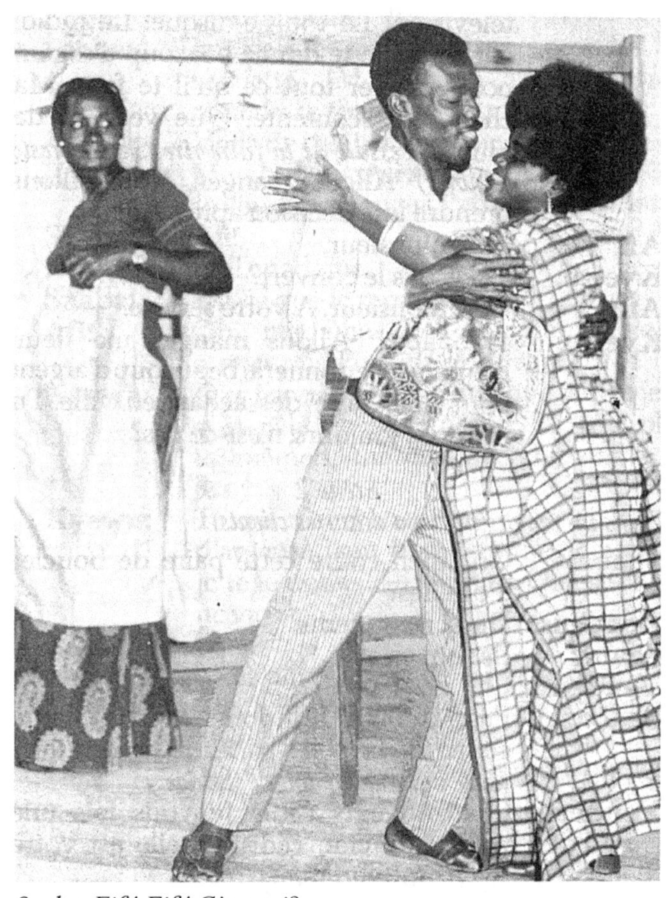

Saaba: Fifi! Fifi! C'est toi?

Saaba: Fifi! Fifi! C'est toi?
Ce n'est pas un fantôme?
Qu'est-ce que tu fais ici? Dis-le-moi!

(Ils s'embrassent. Elle oublie qu'elle est mariée.)

Fifi: Tu veux savoir les nouvelles! J'ai réussi à mes examens finals à l'université. Heureusement pour moi, j'ai trouvé une place ici au Ministère des travaux publics comme ingénieur. Voilà deux semaines que je suis ici. (Fifi *regarde bien* Saaba). Mais tu as bien grandi, ma jolie!

Saaba: Sortons d'ici. Attends que je dépose les souliers sur l'étalage.
(à la vendeuse): Excusez-moi, madame. Je ne veux rien de plus. Merci et à un de ces jours.
(Les deux amants sortent du magasin pour chercher un endroit tranquille.)

Scène 3

Fifi: Dis-moi, ma petite. Je ne sais quoi faire . . . et quoi dire. Est-ce que tout va bien pour toi? Parle-moi du vieux.

Saaba: Ce vieux-là! Il est riche mais il n'a jamais gagné mon amour. Il voyage toujours et je suis seule à la maison. Il refuse de m'accompagner danser. Je veux aller au cinéma, mais lui, il ne sort pas. Je reste toujours à la maison. Comme je m'ennuie ici!

Fifi:	Sois calme, ma chérie. Tu te rapelles ce que je t'ai dit avant ton départ? Nous voici ensemble. Je t'ai dit que Dieu nous réunirait.
Saaba:	Qu'est-ce qu'on va faire maintenant? Quitter le vieux? Que vont dire mon père et maman?
Fifi:	Tiens. Ne te soucie pas d'eux. Tu les as satisfaits en épousant le vieux. Ils ont bien profité de sa richesse. C'est à nous maintenant de leur montrer la vraie valeur de l'amour. L'amour et la richesse ne s'entendent pas toujours! Sais-tu ce que tu dois faire? Tu dois quitter le vieux pour venir avec moi. N'aie pas peur. Je suis avec toi. Je te protégerai contre tout.
Saaba:	Bien, mon chéri. Je te donne mon amour. Je suis à toi. *(Ils s'embrassent et ils sortent chacun de son côté.)*

Scène 4

Dans le salon de M. Kyewu. *Celui-ci est rentré depuis trois heures.* Saaba *n'est pas à la maison. Il va et vient dans le salon. Il est trés agité. Il regarde sa montre de temps en temps. Au moindre bruit, il sort pour vérifier si sa femme arrive. Enfin, elle arrive.*

| **Saaba:** | *(très froide):* Bonsoir. |

Kyewu:	Pourquoi rentres-tu si tard? Sais-tu depuis combien de temps je t'attends?
	(Saaba *ne dit rien.* M. Kyewu *s'approche d'elle.*)
Saaba:	Va t'en. Tu me dégoûtes.
Kyewu:	Qu'est-ce qui se passe? Mon Dieu! Est-ce que j'ai fait un rêve ou suis-je en train d'en faire un en ce moment? Ma femme m'insulte!
Saaba:	Je ne veux plus être ta femme. Je vais te quitter sans rien prendre. Ta richesse ne peut pas m'apporter le bonheur. Je ne t'aime pas. On m'a forcée à t'épouser. Je te quitte.

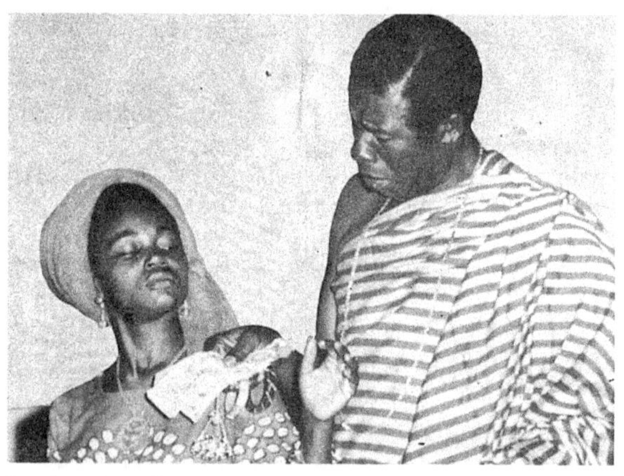

Saaba: Ta richesse ne peut pas m'apporter le bonheur. Je ne t'aime pas.

(Saaba *quitte la maison, indifférente
à ce qui se passe. Elle va certainement
rejoindre son amant* Fifi.)

Scène 5

Le même endroit. M. Kyewu *est très déçu. Tout son
argent ne peut pas le consoler. Il appelle son chauffeur.*

Kyewu: Jojo!
Jojo: Oui monsieur.

La vie est ainsi!

Kyewu:	Tu connais bien le village de ma jeune femme Saaba? Vite. Va demander à ses parents de venir me voir. Dis-leur qu'elle s'est enfuie de ma maison.
Jojo:	Oui, monsieur. A votre service.
M. Kyewu:	La vie est ainsi! Saaba peut donc me traiter comme ça? Elle, pour qui j'ai chassé toutes mes autres femmes! Je deviens fou. Je n'en peux plus, mes pieds refusent de me soutenir. Saaba, Saaba reviens à moi. Je t'en prie! Comme je suis malheureux.

(Il sanglote.)

Scène 6

Dans un jardin public. Saaba *et* Fifi *sont ensemble. La main dans la main, les yeux dans les yeux, ils se parlent.*

Fifi:	Que je suis content de te revoir, ma chérie! La mort même ne pourra plus nous séparer.
Saaba:	Oui, mon chéri. Mes parents ont essayé de nous séparer mais le sort ne l'a pas permis. Je t'aime avec tout mon cœur. Le vieux Kyewu possède toute la richesse du monde, mais je ne l'aime pas. Je préfère l'amour à la richesse.
Fifi:	Moi aussi. Dès maintenant, je te prends

pour ma femme. Nous n'avons même pas besoin d'une bague pour confirmer notre mariage. Le vrai amour n'a pas besoin de rites et de cérémonies traditionnelles. Tu es ma femme, ma femme à moi.

Saaba: Et toi, mon mari à moi. L'amour fait le bonheur. L'argent, lui, ne fait pas le bonheur. *(Ils s'embrassent.)*

RIDEAU

POEME

Le Bonheur
Le Bonheur ne peut être acheté ni vendu.
Il est fondé sur la patience, la tolérance et l'espoir.
Le Bonheur, c'est apprendre à être résigné à tout ce qu'on ne peut comprendre.
C'est laisser au Pouvoir Suprême ce qu'un être humain ne peut expliquer ni faire.
Le Bonheur, c'est être content avec tout ce qu'on a.
Accepter les circonstances, bonnes et mauvaises.
Le Bonheur, c'est lutter avec
Le sort qu'on ne peut jamais changer.
Le Bonheur, c'est vous qui le créez;
Le Bonheur, c'est à vous de le trouver.
'C'est une perle si rare dans cet océan d'ici-bas!'

FIN

Saaba: *Je t'aime avec tout mon cœur.*
Fifi: *Moi aussi.*

NOTEZ BIEN

VOCABULAIRE

PREMIERE PARTIE

SCÈNE 1

Venir de — avoir accompli à 1'instant même
    il/elle vient de partir (manger, arriver etc.)
Penser à — se souvenir de; imaginer
    Penser aux amis
Jouir de — Avoir la possession d'une chose et en tirer tous les
    avantages.
    M. Abu jouit d'une bonne santé;
    Anowaa veut jouir de la richesse de M. Kyewu.
Consentir à — trouver bon;
    consentir à un arrangement.
Apprendre — informer
    apprendre une nouvelle à quelqu'un
Finir de — cesser de; finir de parler (manger)
Brûler de — désirer ardemment
    il/elle brûle d'aller à Paris.

SCÈNE 2

Communiquer (à) — transmettre, faire passer
marier (v.t.) — donner quelqu'un en mariage
se marier (v. int.) — s'unir en mariage
    (épouser)
    e.g. Ama et Kofi se marient
Traquiner — agacer légèrement
décider de — prendre la résolution de: il a décidé de rester
    (partir, travailler etc.)
Etre à l'âge — avoir l'âge de majorité (à partir de 18 ans).
    être majeur(e)

SCÈNE 3

Etre à deux doigts de la mort — la mort est très proche.
Ne t'en fais pas — Ne te mets pas en peine; ne t'inquiète pas.
(se) fâcher — s'irriter; (se) mettre en colère
se prêter (à) — consentir, se prêter à faire quelque chose
étouffer — suffoquer
réfléchir — penser, méditer longuement.

SCÈNE 4

à l'insu de — sans qu'on le sache; sortir à l'insu de tous
se disputer — se quereller
faire semblant de — simuler pour tromper
s'embarasser — serrer entre ses bras; donner un baiser

SCÈNE 5

faire la valise — prépare la valise
en croire quelque chose — s'y fier
     je n'en crois pas mes yeux; mes oreilles.

DEUXIEME PARTIE

Ouvrir le cœur à quelqu'un — aimer quelqu'un de tout son
    cœur.
faire le ménage — nettoyer une maison
être au comble de — le dernier degré;
    être au comble de colère (de joie).

SCÈNE 1

La doyenne — l'aînée des femmes; la plus âgée des femmes
tenir compagnie — action de séjourner auprès de quelqu'un.
serrer — presser:
    serrer la main
    serrer quelqu'un dans les bras.
être de retour — retourner, revenir

SCENE 2

Tromper — décevoir
    se tromper de; prendre l'un pour l'autre:
    nous nous some trompés de rue.
le/la préféré(e) — le/la plus aimé(e)
s'ennuyer — éprouver de l'ennui
se retirer — s'en aller
    il s'est retiré à la campagne
d'accord— j'y consens; j'en conviens
partie — portion d'un tout; faire partie d'un groupe.
réussir (à) — avoir du succès, parvenir:
    j'ai réussi à lui parler;
    il a réussi à son examen.
partager — diviser entre plusieurs personnes.
s'arranger — se mettre d'accord; régler.

SCÈNE 3

un monologue — scène où un personnage de théâtre est seul et se
        parle à lui-même.
une idée — pensée, opinion
        avoir une idée.

SCÈNE 4

claquer — faire entendre un bruit sec.
        claquer la porte; claquer les dents.
ahuri(e) — qui a perdu la tête; stupéfait
élever — donner de l'éducation, former
gêner — embarrasser, intimider
en vouloir à quelqu'un — avoir contre lui un sentiment de
        rancune.

SCÈNE 5

remettre à — donner une chose à celui à qui elle est destinée:
        remettre une lettre.
s'inscrire — se faire enregistrer
prétendant — qui aspire à quelque chose.
assister (à) — être présent

SCENE 6

se réunir — se rassembler, se retrouver
sangloter — pousser de petits cris

TROSIEME PARTIE

SCÈNE 1
avoir une faim de loup — avoir très faim,
immobile — qui ne bouge pas
enfermer — mettre dans un lieu où il est impossible de sorfir
mettre le couvert — tout ce dont on couvre une table à manger.

SCÈNE 2
indiquer du doigt — montrer quelque chose à l'aide du doigt
un étalage — exposition de marchandises/l'ensemble de ces
    marchandises.
une remise — rabais fait sur le pris fort de certaines marchandises
une pointure — dimension de chaussures
un fantôme — spectre, apparition
trouver une place — trouver un emploi

SCÈNE 3
se rapeller — se souvenir de
profiter de — faire un gain, tirer avantage de

SCÈNE 4
Aller et venir — être toujours en mouvement
agiter — troubler,
dégoûter — eneruer;
    Cette personne me dégoûte;
    Cela me dégoûte.

SCÈNE 5

N'en pouvoir plus — ne provoir plus supporter une situation
soutenir — supporter, maintenir
de plus en plus — progressivement,
      de plus en plus triste; riche, pauvre.

www.ingramcontent.com/pod-product-compliance
Lightning Source LLC
Chambersburg PA
CBHW070824170726
48000CB00019B/2574